# Impressum

Bibliografische Information der Deutschen Nationalbibliothek
Die Deutsche Nationalbibliothek verzeichnet diese Publikation in der
Deutschen Nationalbibliografie; detaillierte bibliografische Daten sind
im Internet über http://dnb.d-nb.de abrufbar.

ISBN 978-3-8196-0953-4
WG 151

© 2014 by Universitätsverlag Dr. N. Brockmeyer
Im Haarmannsbusch 112 · D-44797 Bochum
Telefon +49 (0) 234 97 91 600
Telefax +49 (0) 234 97 91 601
universitaetsverlag.brockmeyer@web.de
Online: www.brockmeyer-verlag.de

Gesamtherstellung:
Satz-Art Prepress & Publishing GmbH
Theoderichstraße 27 · D-44803 Bochum
www.satz-art.de

*„Schreiben bedeutet, etwas auszudrücken, was jeder weiß, ohne zu wissen, dass er es weiß."*

(Orhan Pamuk, Der Koffer meines Vaters)

# Ankunft

Abends kommen wir an. Istanbul ist eine Nachtstadt. Atemberaubend geht es die schmalen Gassen hoch, über notdürftig abgeflachte Stufen hinweg. Ankunft: Elfter Stock. Die Zimmertür wird geöffnet. Lichter strahlen uns entgegen, schimmern. Die ganze Fensterfront leuchtet. Tausendundeine Nacht scheinen auf. Jedes Fenster, jedes Licht da draußen erzählt. Wir schauen, können nicht aufhören zu schauen: Istanbul. Man mag nicht schlafen, dieses Bild möchte man in seiner Wirklichkeit halten und mit in den Schlaf nehmen. Vielleicht ist alles nur Spuk und Traum, verschwunden, wenn man die Augen schließt. Bleib wach, Scheherazade, bleib wach und erzähl!

Früh stehe ich auf. Kein Spuk: Istanbul. Leise gleite ich zum Fenster hin. Die Nachtlichter sind dem Tag gewichen. Minarette und Kuppeln lösen sich aus dem Morgendunst, alte brüchige Holzbauten ragen auf. In der Ferne das Meer, die Frische grüner Gärten. Ein heiseres Singen hebt an, breitet sich über die Stadt. Der Muezzin ruft zum Morgengebet. Lautlos lasse ich den Stift über meinen Skizzenblock laufen, nähere mich mit jedem Strich diesem Morgenbild, mache es mir zu eigen. In die Tiefe der Gassen fahre ich mit meinem Pinsel hinein, laviere leicht das Meer, schraffiere zart die Schiffe, die schwingende Brücke. Lange Wanderungen mache ich, fliege mit meinen Augen über die Stadt, ein Kranich auf dem Herbstzug über Süleymaniye, finde Weiser und Wege. Gleich einem Vogel weiß mein Stift seine Fährte.

Später werden wir durch die Straßen laufen, an Katzen und Hunden, an Händlern und Passanten vorbei. Mein Morgenbild wird im lauten Tageslärm verschwimmen.

Am nächsten Tag haste ich erneut ans Fenster, lasse den leisen Stift seine Straßen suchen, Istanbul, so fein, so vielfenstrig, vieltürig, eine endlose Erzählstadt. Stets erzählt sie anderes, Tausendjähriges, Unversiegbares. Sie redet mit meinem Pinsel, führt ihn.

Jeden Morgen setze ich mich ans Fenster und lausche der Stadt, ihrem wechselnden Licht, erkunde sie mit meinem Stift. Alle Tage neu: Ankunft in Istanbul, einem immer neuen Istanbul.

# Erzähl mir

erzähl mir von istanbul
vom licht sprich mir
wie es über die dächer fließt
weit ins meer hinein
minarette und kuppeln aufsteigen sieht
wunschballons auf dem flug
über die brücke
bring mir das lied des muezzins am morgen
aus allen fenstern laß mich schauen
von den bäumen seile mich ab
zu sprechenden gärten
zu horchenden hunden und katzen
erzähl mir erzähl von istanbul
damit ich wach bleibe
und fliege
mit den vögeln des glücks fliege
wenn es zeit ist

# Mevlevi tekkesi

stehen still die stelen
name an name
und turbane
rosen darunter und ruhende katzen

# Himmelsgarten

geknüpfter garten
von menschenhand

gazelle im sekundensprung
vogel im flug
ein fisch im fluß
gefangen von blumen

paradies
das bunt
zu meinen füßen spricht

# Wie zierlich

geschnitzt
ziseliert
die erker und giebel
von istanbul
hält sich mauer an mauer
von ruß geschwärzt
von beben geborsten
fragile tänzer
die fronten geneigt
aus blassen gläsern lugend
und dünnen türen
verflüchtigt
ehe du dich versiehst
wie dieser duft von sternanis
am ende der gasse
die zarten häuser von istanbul

# Sternanis

safran und zimt
gewürze und üppige früchte
rot und grün
blühend
das fleisch der granatäpfel
glühend die hände
von glänzenden münzen
minze und schwarze lakritze
über feilschenden mündern
flüchtige drogen
im rausch der gerüche
sternanis
safran und zimt

# Medusa

rundsäulen mütterlich
medusenhäupter mit steinernem bann
rätseln im wasser
und schmeicheln den fischen
zärtlich

# Sommer

schlag das rad
das rad schlag pfauenblau
helio indigo violett
die augen laß kreisen
himmelauf himmelab
zur erde
laß sie laufen
deine augen
hinter die wolken
laß sie ziehen
in iznikblaue tiefen
ohne ankunft

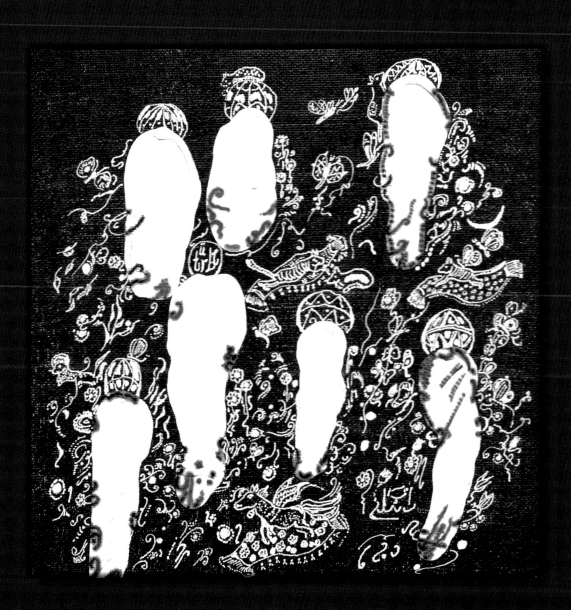

# In Farben der Ferne

kleide ich dich
hülle dich
in fremde sprachen
stecke dir zweige ins haar
von weiten reisen
zweige die knospen treiben
und warte
bis sie zu bäumen wachsen
die eine welt tragen

# Sonnenmorgen Rosa

im gewirr des blicks
die ruhe eines roten dachs

# Brunnen

betrunken vom jetzt
schlucken durstig den scheuen schnee
flocke um flocke
wandeln sie weiß in schwarz

schrill
stößt der hahn
unter rotem kamm
in den winter

# *Um das Brunnenhaus*

schlingen sich lebensbäume

sonnengebleicht vom licht
wachsen sie unter der hand
zu steinernem immer gebannt

blüten und pralle früchte
paradies
ohne wasser und durst

wunder das wuchert
um das brunnenhaus

# Nasen

setzen wir uns ins gesicht
vom samen des bergahorns
grüne einhörner
du und ich
auf dem berg über dem bunten palast
wer bist du wer bin ich sind wir
baum tier landschaft
sprechen mit dem gras
lachen wie der specht
wir mit der nase im gesicht
vom samen des bergahorns

# *Süleymaniye*

zieht ein in den hof
der herbst
bestattet bunt die karawanen
ein roter kater
fetzt die letzten blätter vom baum

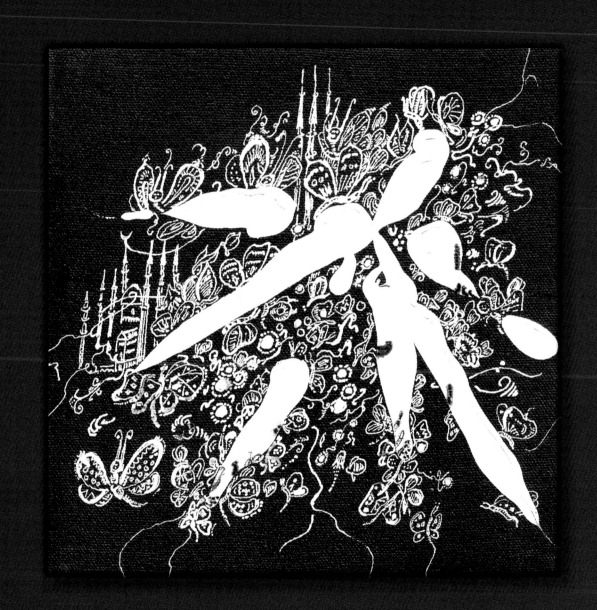

# Kraniche

neun züge
über den roten inseln
schrei an schrei gereiht
zur zahl gespitzt
durchstoßen sie gitter aus regen
sommer und sonnen
führen sie fort
ins neue jahr

# Mit der Nadel

werde ich einen brunnen graben*
worte hineinfädeln
stich um stich
krume um krume durchbohren
spitz in die tiefe
zu dir

*türkisches Sprichwort

# Istanbul

aufgabe
von dach und minarett
im rückzug des tags
zu ahnenden linien gelöst
silhouetten auf der suche
wasserweit
treffen trauernd verrinnende erde

ein  hund bricht ein
in die nacht

# Wie es war

zart hüllt die zeit
deckt sanft den bruch
des fensters
spiegel
aus dem menschen sahen
wie sie ging
und türen
die sie offen ließ
im gang der jahre
rufe lang versunken
im dunst der gassen
im rausch des meers
luft aus gischt
und stillem altern
das sich dem lärm des neuen beugt

# Endlich

erstarrt die stadt
in diesem kranz aus eis
malen die lichter märchen
tausendundeine
gestalt und bilder
die auf schillernden schollen treiben
sich reiben und schleifen
kichern und knirschen
sich in bizarren gesängen einen
mit dem ruf des muezzins
und dem weißen gezeter der möwen

# Märchenlang

aus dem schlafbaum
springen sie allnächtlich
zauberpferde
und teppiche heben ab
treiben und jagen
in fiedrigem rausch
erzähl scheherazade erzähl
wie lang hält tausendundeins
rollt sich der baum zum schlaf
im dunst vergehender pflanzen
holt die letzte geschichte ein
erzähl scheherazade erzähl
wie lang hält tausendundeins
wie lang die nacht

märchenlang

# Die Tigerkatze

im iznikteller
rot auf roten tulpen
den kopf elegant
zum rand gewandt
umrankt von schlanken pfoten
schnurrt leise
um die roten blumen
ruft und bettelt
beißelt und tritt
löst leicht den duft
der pflanzen
im fell der tigerkatze

oder entströmt er deiner hand

# Alle Nacht

die beschwörung
schlaf kindchen schlaf
gehen die augen auf
laufen zurück
in diese bildmale hinein
kleiner immer kleiner
in gezacktem fotorand
meine mutter in der blauen moschee
meine mutter in fremdem kleid
nie kommt sie wieder
alle nacht
schlaf kindchen schlaf

# Wie unwiderruflich

vergangenes ist
und die worte der toten erloschen

selbst steine kann man anfassen
blätter hören
und den schnee sehen
wie er eben die gräber bestattet

als wäre das ende nicht endlich genug

# Seh ich dich

still
im geviert der mauern
jeden tag
im singsang des regens
im flüsternden schnee
begraben von blättern seh ich dich
komme und wärme die steine
locke die vögel mit brot
im singsang de regens
im flüsternden schnee
im rauschen der blätter hör ich dich
reden wir reden
im geviert der mauern
du und ich

# Putti

im spiel mit hähnen
jahrhundertelang
draußen toben die neuen prinzen

# Schaukelt

und schaukelt das kind
schwingt her und hin
wippt und singt
schwingt mit der schwingenden erde
zwischen stelen und spielenden katzen
zerbrechlich das leben
auf bebendem boden
schaukelt es
klingt und schwingt
schwingt her und hin
und singt

# Blitze

gleiß der nacht
so schwer der regen
wo werden sie schutz finden
die kleinen hunde im topkapi palast

# Trauriger Regen

tropfen reden
lesen dir worte ans glas
leise und immer neue
lösen sich laufend
zeichnen geschichten
gestalten und vergehen
legen sich
in die stille des lauschens
warten eine weile
und bleiben
fließen wieder und weichen
immer neuen worttropfen
die dir trauer ans glas lesen
von verlust und vergehen

# Der Park

farbe blättert von den bänken
hier und da fällt laub
treibt mit wippe und schaukel
stiebt auf sinkt ab

hin und her stolzieren katzen
heben ab von stele zu stein
umgarnen seiden die toten

karmesin zieht der abend ein
erröten die neuen menschen

# Brandmale

schwarz
die fenster und türen
vergehende erker und veranden
die straßen entlang
flüchtige häuser aus holz
und vergangenes pflaster
das längst die schritte der menschen verlor

kein brunnen hält sie mehr auf

# Am Rand

der stadt ragen sie auf
wehrmauern
die leben bargen
gespalten geborsten
über brodelndem boden
von kriegen
zu trümmern und bruch gestreckt
phantastische gestalten entlassen sie
und brandgemalte fratzen
die aus scharten starren und höhlen
von meuten heulender hunde umkreist
von falkenfarbenen vögeln
dem sultanspferd vielleicht
im fluchtgalopp vor dem tod

# *Die Gassen hinauf*

die plätze die häuser
wühlend und mengend
die menschen
wagen und räder
klingeln und glocken
geschrei und gebell
selbst das kreischen der möwen
betäuben das sanfte beben der erde

44

# Sturm

kaum können sie sich halten
die möwen über dem geborstenen spiegel
des bosporus
glanzfetzen im flug der sonne

# Die Zeit zittert

die zahlen taumeln
türen fliegen auf
öffnen sich fliehenden bergen
eingeschlafen sind die bäume
werden nie mehr bunt
ihre blätter nie mehr grün
märchenlos wird ihr schlaf
die letzte geschichte lebt ein anderer

# Über
# Süleymaniye

kreisen frühe kraniche
treiben im letzten schnee
die jungen flattern am ende
vorweg die alten
die alle wege erinnern
ihre und deine
horch nur
um die kuppeln
suchen sie rufen
holen aus den höfen
die alten schreie wieder
und ihre schatten
schmal und spitz
schmelzen im schnee
nehmen deine augen mit
und tragen deine worte
auf dem zug ins neue jahr

# Dreh sie dreh sie

die hand zum himmel gestreckt
derwisch im rauschigen rock
flieg nur flieg
aus der erde

# Die kleinen Katzen

tragen schneeballköpfe
jedes jahr
stieben staub auf
winterstaub
fegen licht über eisige teiche
und gefrorene wege
lebensspieler
des winters
feiern sie das jetzt
tanzen angstlos letzte pirouetten
wachsen dem rätsel des endes entgegen
erleben die lösung nie

nur ein kind spielt dann sanft auf der geige

für Felix

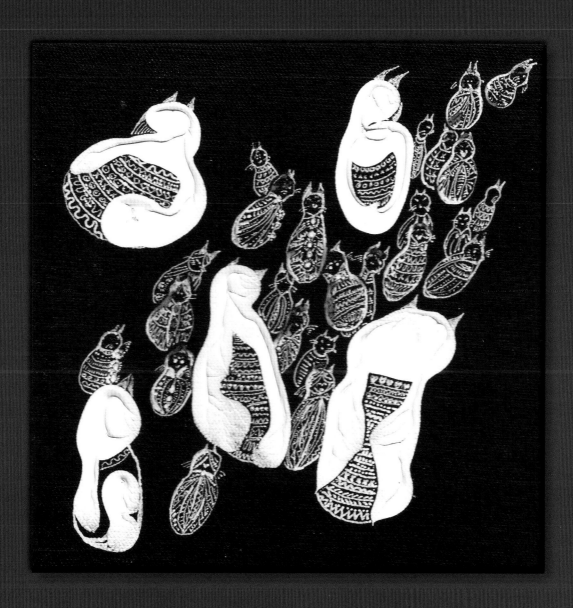

# Verrat

hunde höre ich rufen
und katzen
um höfe streichen

sehe mein haus
das streckt schwarz
die fenster aus

zu steilen gassen
steigt ein hahnenschrei

verrät die zeit
den menschen

die sein gesicht behalten der vergebens
brunnen sucht

# Spät

sammelt sich die nacht
im abendrausch der vögel
geht unter mit der glut
von granatäpfeln
holt ein singen
vom meer herauf
silbergesänge der fische
und worttropfen trinkt sie
die auf die stadt niedergehen
das hohe gebet des muezzins

# Es stand geschrieben

auf falbem blatt
die zeichen gezogen
runen aus ferner zeit
ins jetzt gerückt
gehen sie auf uns zu
und sprechen
von späten kranichen
auf der flucht vor dem winter
erzählen von der letzten nacht

für Barbara Kroke

# Licht des Paradieses

*unvergleichliche perle*
*mehrerin der freuden*
*erweckerin der leidenschaft*
*rose der dämmerung\**
tulpenträume
türkische
wortsträuße
wünsche aus eifer
und sucht
licht und leidenschaft
in bittersüßem streit

\*Namen von alten Istanbul-Tulpen

# Unter dem Dach der Glückseligkeit*

farbflammen
rasend im rausch
nach rot und brand
fiebernd und gierend
rot wie rot
von viren erhitzt gemalt und gespitzt
semper augustus
die tulpenblume
nadelspitz ihr sengender schatten
für jedermann
jäger im tulpenwahn

*Bezug: Harem und Gärten des Topkapi-Palasts

# Brücken

schlagen
furten finden
und wege
zu fremden fernen
mit weichen schraffuren
in traum getaucht
und wunsch

halte die spur
kranich flieg zu
auf dem weg zur wärme

# Rot

wird der regen sein
rot wie die blätter
die sich lösen
von dem baum über uns
von der bank
auf der wir saßen
farbblätter in der hand
rot wie der letzte regen
der uns tränkt
mit abschied

# Night Butterfly

schaut mich an
trifft mich
mit dunkelrotem blick
wirft weiß die ringe aus
strafft heimlich ihre fäden
lauert in der luft
night butterfly auf der jagd
akrobat in flatterndem stand
schau mich an
fang mich
mit filigranem faden
web mich ein
mit blumenweißem ring

# Erzähl mir

erzähl vom großen platz
dort wo der weg hinaufführt zur süleymaniye
vom raunen der händler schreib
laß mich die gewürze riechen
sternanis zimt und vanille
und das feuer der granatäpfel schmecken
den fruchtigen regen auf der haut
den salzhauch des meers
und den schmeichelnden schnee
erzähl mir
erzähl mir von istanbul

# Hüte deine Träume

besetze bänke und wege

halt stand istanbul halt stand
schluck tränen trink wasser

die bank ist geborsten
versteinert der park
schluck tränen trink wasser

sei du die stadt der märchen
hebe den stab
und löse den bann

halte ihn halt ihn
den park der träume

Bezug: Bürgerproteste gegen die Schließung und geplante
Bebauung eines Parks in Istanbul im Jahr 2013. Wasserwerfer
und Tränengas wurden eingesetzt.

# Um den Taschentuchbaum

kreisen segelfalter
blätter
blass sinkend
malen uns zeichen
bleiche schreibbilder
die man in die tasche steckt
um zu erinnern

# Kostbar

so kostbar geht die zeit
gehst du
such dich in blumen
und tieren
rette die schnecke am weg
schreib dich hinein
ins leben
sei glaube sei märchen
mit jedem wort
erlöse die welt
ein wenig

für Hannah

# Mehr Meer

von links von rechts
von oben von unten
hüpft überspringt
die füße
schlingt und wellt
schmeichelt und leckt
meer immer mehr
lauf doch lauf
zieh kreise und bögen
sandmaler wassermaler
hol dir die welt
meer immer mehr
rund um die erde
rast es fließt
umringt deine füße
mit regenbögen
schillernd und schauernd
rot orange gelb
grün blau violett
im augenblick
der bist du
dieser kostbare augenblick

für Hannah

# *Seide*

meerseide
aufgebrochenes leben darüber
brücke zwischen zwei welten
menschen
mengen eng geballt
mit willen und gier
über dem gleichmut des meers
getrieben oder verlassen
rufende hände
zitternde häute
in salz und rausch
unter den brücken
zwischen zwei welten

# Töne

wie von vögeln
ein singen von fischen
meergrün getragen um die stadt
zum summen
über den früchten
und dem benehmenden duft der gewürze
im verhallenden mittagsgebet

# Sterntänzer

stürmen die halme hinauf
weiss
die hand über dem hellen haar
fliegen wir
in der spur des sternenschweifs
kreisen die lichter
strecken sich
neigen sich
himmelauf erdab
bestirnen die nacht
schlafes tänzer
wachsen wir
steigen graszart
den sternen entgegen

# Abschied

Disteln stecken in seinem Haar. Die Berührung schmerzt. Die Hand fährt auf, findet zurück, begegnet den Stacheln, blass gespitzt, zieht sie sanft heraus. Sie streicht über die Verletzung der Haut unter dem Haar, setzt sich selbst feine Stiche zu. Rote Tropfen leuchten auf, fallen, zeichnen den Weg.

Keinen Laut bringst Du aus, redest mit den Augen, kleinen klarbraunen Kreisen, beidseitig zu deiner Nase gezeichnet. Ich schaue auf sie, lausche ihnen. Sie sprechen, sprechen immer weiter. Du bist ein Tier. Ich bin ein Mensch. Wir sind uns begegnet. In Deiner Welt sind wir uns begegnet, mitten in der kleinen Gasse von Istanbul. Nach einer langen Reise mit Flug und Auto komme ich an. Du stehst da. Sofort. Wir stehen da.

*Ein Mischlingshund, geduldet von den Bewohnern der Gasse.*
*Eine Reisende, die wieder gehen wird.*
*Eine Geschichte, wiederholbar, wie ich höre.*
*Eine Geschichte, die ich nicht lenken kann, wie ich erfahre.*
*Eine Geschichte, die der Hund nicht ändern kann, wie er lernt.*
*Zu viele Personen greifen ein, sehen auch sich im Schicksal des Tieres, wollen sein Hüter sein, wollen das Geschehen nicht verlassen. Krambambuli in Neuauflage? Der schlechte Herr, der gute Herr? Nein, ein anderer Herr, eine andere Herrin.*
*Ich komme an. Ich fahre ab.*
*Den Hund will man mir nicht geben.*
*Man hätte ihn mir lassen können. Man hat es nicht getan.*
*Sie wollen mich nicht in dem Leben des Hundes. Sie selbst sind die Akteure in dieser Gemeinschaft.*
*Sie geben mir keine Rolle darin.*
*Das wäre eine neue Geschichte geworden.*

*„Wissen Sie, das Tier ist nicht unglücklich,"* tröstet mich ein  Bewohner der Straße. Er  hätte mir
den Hund gegeben.

*„Er wird sehr traurig sein, wenn Sie fort sind!" sagt seine Frau.*
*Die Geschichte nehme ich mit, einen abgeschlossenen Text, ein Foto, das ich zu Hause aufstelle.*

Du redest, als habe Dir nie jemand zugehört. Ich hocke auf dem Boden und lausche, meine Hand
in Deinem Haar. Deine runden Augen bleiben nie gleich. Sie begegnen mir als immer neuer
Schmerz, der so weit reicht, wie nie ein Hund laufen könnte.
Ich spreche sehr nahe zu Dir, begegne Deinen lauschenden Ohren. Beide erzählen wir. Was
sagen Deine Augen? Sagen sie die Bitte, die ich sehe?
Ist dies der Blick für Menschen? Betrachtest Du andere Hunde und Katzen mit solchen Augen?
An Deinen Ohren trägst Du Samen, runde mattgrüne Kugeln, die sich sanft bewegen. Ich wer-
de sie nicht abzupfen. Du wirst sie aussäen wie die Vögel und das neue Jahr bereiten.
Du begleitest mich die Gasse entlang  Sehr nah gehst Du neben mir.
Am Ende bleibst Du stehen und schaust mir nach. So lange ich Dich sehen kann, schaust Du
mir nach.

# Inhalt